RÉVOLUTION DE 1848.

CHANTS NATIONAUX

PAR

Emile Dumas.

PREMIÈRE SÉRIE.

1º AU GÉNÉRAL CAVAIGNAC; 2º A LA GARDE MOBILE;
3º L'ARCHEVÊQUE DE PARIS; 4º ABD-EL-KADER;
5º A NAPOLÉON.

PARIS

CHEZ J.-G. DENTU, LIBRAIRE, AU PALAIS-NATIONAL.

1849

RÉVOLUTION DE 1848.

CHANTS NATIONAUX.

C.

RÉVOLUTION DE 1848.

CHANTS NATIONAUX

PAR

ÉMILE DUMAS.

PREMIÈRE SÉRIE.

1º AU GÉNÉRAL CAVAIGNAC ; 2º A LA GARDE MOBILE ;
3º L'ARCHEVÊQUE DE PARIS ; 4º ABD-EL-KADER ;
5º A NAPOLÉON.

PARIS
CHEZ J.-G DENTU, LIBRAIRE, AU PALAIS-NATIONAL.

1849

AVANT-PROPOS.

Ces chants sont tirés d'un recueil qui retrace presque tous les événements de la révolution de février. En écrivant l'histoire poétique de cette mémorable époque, je me suis vu appelé à émettre des jugements sur les personnages qui y jouèrent les principaux rôles, et comme aucun d'eux ne m'est connu ni par le bienfait ni par l'injure, je me suis laissé guider par la plus stricte impartialité, en jugeant les hommes et les choses au point de vue de la morale publique.

J'espère que les appréciations de l'histoire seront conformes à celles que renferment ces chants; cependant, comme la plupart des sujets qui forment les autres séries offrent un reflet très-vif de la révolution, j'attendrai pour les mettre au jour que les passions soient amorties, et que l'on puisse envisager avec calme l'opinion que j'ai adoptée.

Je me flatte aussi que les sentiments qui animent ces poésies obtiendront tous les suffrages, et je fais des vœux pour qu'elles puissent se répandre parmi le peuple; il y trouverait d'utiles leçons, surtout dans les séries suivantes.

J'ai indiqué la date de chaque chant. Dans les premiers mois, les événements marchaient avec une telle rapidité que, pour les suivre, je fus obligé de changer de fond en comble quelques-uns de ces ouvrages. Me trouvant encore devancé, je pris le parti de les laisser comme je les avais écrits, et si le lecteur rencontre quelques prédictions que l'événement ne soit pas venu confirmer, je le prierai de se rappeler que les poëtes n'ont pas le don de prophétie.

Décembre 1848.

ÉMILE DUMAS.

AU GÉNÉRAL CAVAIGNAC.

AU GÉNÉRAL CAVAIGNAC.

Soldats ! que la patrie arrache à vos clochers !
Vous avez répandu des pleurs sur vos foyers,
Lorsque, vous dégageant des bras de votre mère,
Et d'un dernier adieu saluant sa chaumière,
Vous alliez vous ranger sous ces fiers étendards
Qui devaient vous conduire au milieu des hasards.
Souvent le souvenir de votre heureux village
    Et du vieil arbre qui l'ombrage
Est venu tristement assaillir votre cœur,
   Lorsque la voix sévère de l'honneur
    Vous retenait sur la rive africaine,
Où les chrétiens par vous ont vu briser leur chaîne.

Là le soleil ardent vous brûlait de ses traits.
Dans le désert témoin de vos hauts faits,
Vous acceptiez pour nous les plus durs sacrifices,
   Qui trop souvent égalaient des supplices.
Pour nous vous seriez prêts à repasser les mers,
Et vos armes encor dompteraient l'univers,
Si la guerre jamais renaissant de sa cendre,
La voix de nos canons devait se faire entendre.

Ah! n'allez pas au loin affronter le trépas,
Et de notre cité n'écartez point vos pas!
Notre ennemi n'est plus au delà des frontières,
  Où l'étranger craintif regarde nos bannières,
Et tremble de les voir à chaque instant flotter
Dans ces champs où nos coups les ont fait redouter.
C'est ici, sous nos yeux, qu'une haine implacable
Entasse les apprêts d'une lutte effroyable.
Un pouvoir incertain voit grandir le complot
Et sa bouche timide ose à peine d'un mot

De la sédition blâmer la sombre audace
Qui des lois par le fer veut usurper la place.

Déjà de la bataille ils ont fixé le jour.
Avant que le soleil n'ait achevé son tour,
Vous aurez pu connaître à des torrents de larmes
Si nous sommes en proie à de vaines alarmes.
Déjà la barricade envahit la cité
Et de ses bras enchaîne un peuple épouvanté ;
La révolte en roulant sa vague mugissante
Menace d'engloutir une foule impuissante !
A l'aspect du danger, nos vaillants citoyens
Ont quitté leurs travaux. Ils ont armé leurs mains,
Sans attendre qu'un ordre, en leur course rapide,
Soit venu diriger leurs pas laissés sans guide.
De succès leur effort est d'abord couronné ;
Mais la garde civique a d'un œil étonné
Reconnu le péril du redoutable ouvrage
Que, privé de secours, poursuit son seul courage.

Soldats ! où restez-vous ? Par vous abandonnés,
Vos frères sont-ils donc à périr condamnés ?
Ils hésitent sans chef, et vont baisser la tête
Sous les noirs tourbillons qu'amasse la tempête.

France ! promène tes regards
Sur tous tes bataillons épars,
Et parmi tes enfants choisis le plus capable
D'écarter le danger formidable
Qui se dresse de tous côtés !
La mort, la mort s'approche à pas précipités ;
Encor quelques instants, et l'affreuse anarchie
Va tarir dans ton sein la source de la vie !

Champs d'Afrique rougis du sang de nos guerriers,
Qui leur avez offert des moissons de lauriers,

Dites-nous à quel bras nous confierons la foudre
Pour renverser l'émeute dans la poudre.

Cavaignac, apparais ! C'est toi dont le destin
Choisit pour nous sauver la valeureuse main.
Les cris de la patrie ont frappé ton oreille.
Le courage à ton nom dans les cœurs se réveille.
    J'entends ta voix ! D'armes un cliquetis
      Fait frissonner les insurgés surpris.
Les soldats pleins d'ardeur déroulent cette enseigne
Dont la gloire vingt ans accompagna le règne.
J'entends gémir le sol sous le poids des canons ;
    J'entends l'écho s'effrayer de leurs sons.
Un tonnerre lointain annonce ainsi l'orage
Qui, portant dans ses flancs la mort et le ravage,
Éclaire des forêts la ténébreuse horreur.
La foudre éclate : une pâle terreur
Du bûcheron suspend la main tremblante
Prête à frapper d'un tronc la masse chancelante.

Le trouble ainsi parcourt les rangs de l'insurgé.

Dans la poussière au loin, son œil découragé

Voit jaillir des éclairs : c'est notre brave armée !

Le bruit de nos combats la rappelle enflammée

Des rives de l'Isère et du pied de ces monts

Dont ses drapeaux brûlaient de franchir les glaçons.

De toutes parts la France appelle ses cohortes,

Et leur flux nuit et jour vient inonder nos portes.

Tous courent au combat. Nous les voyons briguer

Les postes où leur sang pourra se prodiguer.

Cavaignac met un frein à leur impatience,

Et sous le bouclier de la froide prudence

Dirigeant leurs efforts d'un pas ferme et certain,

Sait au but les guider par le plus sûr chemin.

Quatre jours de combat, et d'une ardente lutte,

Enfin de la révolte ont assuré la chute.

Nos soldats, refoulant leur ennemi dompté,

Partout de son aspect ont purgé la cité.

Ils ont enfin détruit la plus haute barrière
Et repoussé l'émeute au fond de sa tannière.
J'entends le râle affreux de son dernier soupir,
Je vois ses yeux sanglants et s'éteindre et mourir.

Duvivier! Négrier! vous tous nobles victimes!
   L'essor des chants les plus sublimes
Pourrait-il s'élever d'un vol digne de vous!
Faut-il que le trépas ait frappé de ses coups
   Tant de héros que la guerre d'Afrique
Semblait avoir légués à notre république?

   Et vous, braves soldats!
 Noircis encor par les feux des combats,
Auprès de ce foyer qu'on vous a vus défendre,
Venez jouir de l'accueil le plus tendre

Qu'à des sauveurs nos mains puissent offrir!

Vos frères ont pour nous voulu mourir!

Ce foyer tremble encor du bruit de la bataille.

Ces murs sont sillonnés des coups de la mitraille.

Là pendant quatre jours sur son sein palpitant,

Une mère éperdue a serré son enfant!

Montrez à nos regards cette sainte blessure!

Laissez-nous enlever cette noble souillure

Dont le sang et la fange ont teint vos vêtements!

Laissez-nous vous presser de nos embrassements,

Dans les transports de la reconnaissance

Qu'à votre chef devra la France!

Cavaignac! quand jadis nos farouches aïeux,

Les vainqueurs d'Allia, sous une mer de feux

Firent crouler les murs abandonnés par Rome,

Quand tout était perdu, la vigueur d'un seul homme

Sauva la République, et le grand dictateur

Fut du peuple romain le second fondateur.

Nouveau Camille ! à qui nous devons la lumière,

Après avoir frémi pour notre heure dernière,

Nous respirons enfin ! Et ton bras redouté

A fait naître le calme au sein de la cité.

Ton génie a vaincu cette horde sauvage

Qui voulait s'assouvir de sang et de pillage,

De la loi tutélaire éteindre le flambeau,

Et de la liberté renverser le berceau,

    En répandant au milieu des décombres

        Les épouvantables ombres

        D'une noire et barbare nuit

Qui des travaux d'un siècle eût étouffé le fruit !

Le sénat l'a voulu ! La suprême puissance

Est remise en tes mains. En peu d'instants la France,

En trouvant ton égide, a conquis le repos

Qu'à jamais paraissaient avoir banni ses maux.

A LA GARDE MOBILE.

Qu'entends-je? Un cri sauvage a frappé mon oreille
  Et fait frémir les murs de la cité!
Je connais ces accents! L'émeute se réveille
  Et veut la mort de notre liberté.

Courez, braves enfants! Voyez-vous la patrie,
  Pâle d'effroi, vers vous tendant les bras?
Elle vous a reçus sur le seuil de la vie;
  Courez pour elle affronter le trépas!

Son noble cœur se glace à l'aspect de l'émeute,
Qui de ses flots soulève le torrent.
D'un antre noir bondit une hideuse meute,
Pour se ruer sur ce sein palpitant.

Déjà la barricade, armant sa main rebelle,
Sous les pavés cache ses rudes flancs,
Et du haut de ses murs, terrible citadelle,
Promène au loin ses regards menaçants.

Voyez-vous ce drapeau qui fièrement l'ombrage
Et qui s'est teint d'une affreuse couleur?
Voyez-vous ce héraut de mort et de pillage
Qui dans ses plis récèle la terreur?

Déjà les premiers coups annoncent ces batailles,
   Que des bruits sourds nous semblaient appeler ;
Déjà le sombre deuil envahit nos murailles ;
   Des flots de sang bientôt vont les souiller.

Vos aînés, les soldats de la garde civique,
   Ont renversé le premier boulevart,
Où la chute attendait la jeune république,
   Si leur valeur n'eût brisé ce rempart !

C'est à vous maintenant, à la garde mobile
   A soutenir leurs efforts arrêtés ;
Attendez une lutte et longue et difficile ;
   Le désespoir conduit les révoltés.

L'échec au premier pas, en trompant leur courage,

Ne pourra pas vous les livrer vaincus,

Et la mort dans leurs rangs, en semant le carnage,

Les a surpris, mais non pas abattus.

Déjà de toutes parts, de nouvelles barrières

Montrent leur front hérissé de fusils !

Je vois étinceler ces armes meurtrières,

En s'inclinant pour vomir les périls.

Peut-être pourrions-nous apaiser la colère

Dont les transports troublent ces malheureux.

Le crime n'a-t-il pas soudoyé la misère

En l'égarant par un art ténébreux ?

Écoutez notre voix ! vous tous que la patrie,
　Ainsi que nous, dans ses bras a pressés !
Voulez-vous, n'écoutant que votre rage impie,
　Livrer aux chiens ses membres dispersés ?

Espérez-vous guérir par le sang de vos frères
　Les maux cruels qui font couler vos pleurs ?
Rendrez-vous à nos murs l'éclat des temps prospères
　Par cette torche aux lugubres lueurs ?

Mais nos discours sont vains ! Voyez ce chef farouche !
　Il craint de perdre un fragile pouvoir.
Il s'avance vers nous. Sa menaçante bouche
　A de la paix au loin banni l'espoir !

« Bourgeois ! qui dévorez du pauvre la substance
   » Et volez l'or pour vous et vos enfants,
» Votre règne a cessé de subjuguer la France !
   » Allez ailleurs commander en tyrans !

» L'ouvrier devant vous ne courbe plus sa tête,
   » Et par le fer il réclame ses droits !
» Vos crimes ont enfin déchaîné la tempête
   » Et c'est à nous à vous donner des lois ! »

Ces mots de la révolte ont redoublé la rage,
   Et le fusil s'anime entre ses mains.
Entendez le signal de leur sanglant ouvrage !
   Ah ! nous tombons sous leurs coups assassins !

Tambours ! de nos soldats précipitez la charge !
　　Vous tous guerriers ! à la voix des clairons,
Ouvrez dans ces remparts une brèche assez large
　　Pour recevoir le flot des bataillons.

Citoyens et soldats ! sous la terrible grêle,
　　De toutes parts, sur nous prête à tomber,
Serrez vos rangs ! Volons ! Ah ! que la mort est belle,
　　Quand pour sa mère un fils sait succomber !

Mais un affreux combat à la garde mobile
　　Se montre en vain dans sa plus sombre horreur.
Pourquoi prodiguez-vous un courage inutile ?
　　Mettez un frein à votre aveugle ardeur.

L'écho seul nous entend ! Une valeur bouillante
  Renverse tout sous l'effort de leur bras,
Comme un torrent fougueux dont la vague écumante
  Vole en portant l'effroi devant ses pas.

Ainsi la foudre éclate au milieu des montagnes,
  Des vieux rochers renverse les sommets
Et fait rouler au loin jusqu'au fond des campagnes,
  Et ces débris et les sombres forêts.

Ainsi lorsque la mer envahit le rivage
  En le frappant de son bras destructeur,
Son flux ne laissera qu'un désert sur la plage,
  En dévorant le hameau du pêcheur.

Héros ! dont notre siècle admira la vaillance !
Vous l'éternel honneur du nom français !
Vous dont l'hiver put seul désarmer la constance !
Vous qui de Rome effaciez les hauts faits !

Sortez de vos tombeaux ! Que votre ombre contemple
De ces enfants les sublimes exploits !
Ils courent enflammés par votre illustre exemple,
Et de la gloire ils connaissent la voix.

Quatre jours les ont vus combattre sans relâche,
Et le sommeil n'a point fermé leurs yeux ;
Ils ont enfin rempli leur grande et sainte tâche :
L'émeute enfin vomit ses derniers feux.

Sur ses pavés sanglants, elle gît expirante ;
   Le glaive échappe à ses tremblantes mains ;
Près d'elle brûle encor cette torche fumante
   Qui voit mourir ses reflets incertains.

O vous dont le courage a conquis ces bannières !
   Déposez-les dans le sein du sénat,
Où la France, accourant en armes des frontières,
   Se range autour de son premier soldat.

Vous le verrez pour vous dépouiller sa poitrine,
   Du noble éclat qu'y fait briller la croix.
La patrie, arrachée aux maux de la ruine,
   Couronne en vous les défenseurs des lois.

Nos femmes, nos enfants, de leur regard humide
 Vont saluer les sauveurs du pays,
Et, fier de vos combats, notre peuple est avide
 De voir vos traits par la poudre noircis.

Hâtez-vous d'accourir dans les bras de vos mères
 Que chaque coup voyait pour vous trembler !
Allez les affranchir de craintes passagères !
 Par vos honneurs allez les consoler !

Et vous, jeunes héros, dont une mort cruelle,
 Sourde à nos cris, vient d'emporter les jours !
Vous vivrez parmi nous d'une gloire immortelle,
 Qui du soleil égalera le cours !

Vous vivrez dans mes chants ! Plus d'une fois nos larmes
  Iront couler sur vos humbles tombeaux,
Et nos enfants sauront que vos vaillantes armes
  Ont repoussé la mort de leurs berceaux.

Juillet 1848.

L'ARCHEVÊQUE DE PARIS.

Prêtres saints que le Ciel a donnés à la terre,
Pour soutenir nos pas dans le rude sentier,
Où l'arrêt du destin nous fait souvent plier
   Sous le fardeau pesant de la misère !

Vous nous tendez les bras, sitôt que de la vie
Les rayons ont brillé devant nos faibles yeux,
Et notre jeune front, ô messagers des cieux,
   Fut consacré par votre main bénie.

Quand nos pas ont atteint le bout de la carrière,
Quand nous voyons nos jours éteindre leur flambeau,
Vous nous accompagnez aux portes du tombeau
   Et de vos pleurs mouillez notre poussière.

On vous voit accourir, quand un funeste orage
Semble à jamais de nous éloigner le bonheur,
Et de l'espoir éteint ranimant la lueur,
   Vous ramenez dans nos cœurs le courage.

Ainsi Vincent de Paul allait de l'Evangile
Aux malheureux captifs faire entendre la voix,
Et, de la charité dictant aux sœurs les lois,
   Aux orphelins préparait un asile.

Ainsi de ses vieux ans sacrifiant le reste,
Belzunce offrait ses jours pour sauver son troupeau,
Quand Marseille creusait un immense tombeau
   Pour ses enfants moissonnés par la peste.

La peste ! Ah ! sa furie était moins redoutable
Que tous ces maux cruels prêts à nous accabler,
Depuis que dans Paris nous entendons hurler
   Une discorde affreuse, impitoyable.

Le sang de Février par sa tache livide
Rappelle encor l'effroi de nos tristes combats ;
L'émeute, depuis lors, sans cesse du trépas
   A menacé notre regard timide.

La crainte à chaque instant tremblante nous réveille,

La haine sous nos yeux distille son venin,

Et souvent......... N'est-ce pas le funèbre tocsin

   Dont les accents vibrent à mon oreille?

Ah ! notre cœur n'a pas nourri des craintes vaines !

J'entends de toutes parts frémir notre cité ;

La révolte se dresse au cri de liberté,

   Avec fracas pour nous forgeant des chaînes !

J'entends du fier canon partout mugir la foudre !

De la guerre je vois les horreurs s'embraser !

Je vois des citoyens le sang à flots couler !

   Je vois les murs croulants réduits en poudre.

Seigneur ! qui nous promis de protéger la France,
Viens de ton divin souffle enflammer nos guerriers !
Terrasse par leurs traits ces ennemis altiers,
    Et que la mort arrête leur démence !

Ou plutôt parmi nous fais apparaître un ange,
Qui touchant par sa voix nos frères aveuglés,
Eclaire de ton feu leurs regards dessillés !
    Que seule enfin la charité nous venge !............

Illustre et saint prélat ! Sous l'ombre de ton aile,
Le ciel de ce bercail fait paître les brebis;
Pour leur salut, au sein de tes sacrés parvis,
    Ton cœur ressent une angoisse mortelle.

Le ciel exaucera tes ferventes prières ;
Il va bientôt calmer la fureur des combats,
Et sa sainte justice accepte ton trépas
    Pour épargner les crimes de tes frères.

Tu te lèves ; soudain une divine flamme
Vient allumer tes yeux obscurcis par les pleurs,
Et ranimer ta main pour guérir les douleurs
    Dont le tableau fait trembler ta grande âme.

Près de braver les coups d'une horde ennemie,
Qui sous tes pas va faire entr'ouvrir le tombeau,
Tu répètes encor : « Pour sauver son troupeau,
    » Le bon pasteur saura donner sa vie. »

Tu marches ! nos guerriers, admirant ton courage,
Te guident à travers tous ces débris sanglants,
Où ton œil reconnaît tes malheureux enfants
   Que tu n'as pu préserver du carnage.

L'olivier à la main, tu franchis la barrière
Qui du vaste faubourg protége les abords.
L'émeute, à ton aspect suspendant ses efforts,
   Sent hésiter sa rage meurtrière.

Tu parles, et ta voix chez ces hommes sauvages
A paru réveiller un reste de pudeur.
Déjà leurs sombres traits réflètent la douleur
   Qu'à la patrie inspirent leurs outrages.

« Mes enfants, que le Ciel m'a chargé de conduire
» Dans le sentier où luit la sainte charité !
» Vous qui des douces lois de la fraternité
   » Naguère encor reconnaissiez l'empire !

» Rejetez loin de vous ces armes homicides
» Dont, pour la protéger, la France arma vos mains !
» Pouvait-elle s'attendre à vos cruels desseins !
   » Craignez, craignez le nom de parricides !

» Accourez dans nos bras ! » — Il pâlit ! il chancelle !
Un coup s'est fait entendre, et d'un plomb assassin
Un lâche meurtrier frappe son noble sein !
   Déjà le sang à gros bouillons ruisselle !

Français ! ah ! dites-nous que ce monstre farouche
Comme un frère par vous n'était pas adopté !
La France dans ses flancs ne l'a jamais porté !
　Le noir enfer l'a vomi de sa bouche !

Vous-mêmes, en voyant tomber l'auguste prêtre,
Vous exécrez l'auteur de cet affreux forfait.
Mais aux rigueurs du Ciel le juste a satisfait,
　Et, par sa chute, il voit la paix renaître.

Vous accourez auprès de votre tendre père ;
Vous l'entourez de bras encor ensanglantés.
Je vois ses vêtements de larmes humectés,
　Et le remords mouille votre paupière.

Mais sa tête est déjà d'ombres environnée,

Le repos est banni de son lit de douleur,

Où de trop longs tourments, dans leur triste fureur,

 Vont assaillir son âme résignée.

Jésus ainsi pour nous accepta le supplice

Et mourut lentement sur une affreuse croix,

A son père divin, d'une mourante voix,

 De son amour offrant le sacrifice.

Martyr! tu vois déjà de ton heure dernière

S'appesantir sur toi l'inexorable main ;

Ton œil brisé se ferme et veut chercher en vain

 A recueillir un rayon de lumière.

Ta vie à peine encor défend ses faibles restes,
Quand ta lèvre s'agite essayant de prier :
« Seigneur ! fais que mon sang ait coulé le dernier !
» Qu'il ait éteint nos discordes funestes ! »

Ah ! ne repoussez pas la foule délaissée,
Qui d'un dernier regard veut contempler ces traits
Dans leurs cœurs pour toujours gravés par ses bienfaits.
Ah ! laissez leur baiser sa main glacée !

Approchez, malheureux ! dont sa voix paternelle
A tant de fois calmé les poignantes douleurs !
Veuves ! apportez-lui le tribut de vos pleurs !
Venez enfants ! qu'ombrageait sa tutelle !

Vous allez voir bientôt sa dépouille descendre
Dans la muette horreur de ces sombres caveaux,
Où de nos saints prélats sommeillent les tombeaux,
    C'est là qu'en paix reposera sa cendre.

Son âme a pris son vol vers la voûte éternelle
Pour s'enivrer d'amour dans le sein du Seigneur,
Où règnera le juste entouré de splendeur
    Dans les rayons de la gloire immortelle.....

La patrie a voulu que sa reconnaissance
Survécût à nos jours. La plus habile main
Reproduira tes traits par le marbre et l'airain ;
    Ton nom vivra tant que vivra la France !

De tes nobles vertus la céleste lumière

A nos prêtres encor servira de flambeau,

Lorsque le monument qui garde ce tombeau

Aura couché son front dans la poussière.

Juillet 1848.

ABD-EL-KADER.

Connais-tu ces beaux champs que féconde la Loire?
Connais-tu ces côteaux que réflète son cours,
Et ces lieux où partout les traces de l'histoire
  Au voyageur rappellent d'anciens jours?

Là, ses pas chaque instant foulent une poussière
Qui cache à son regard la cendre des héros;
Là trop souvent les cris d'une sauvage guerre
  Ont de ces bords fait gémir les échos.

Vendéens! vos exploits ont étonné le monde,
Lorsque, vous arrachant au deuil de vos hameaux,
Par d'immortels combats vous rougissiez cette onde,
Et pour tout bien emportiez vos drapeaux.

Elle a plaint vos efforts dans ces tristes journées,
Où traînant après vous vos femmes, vos enfants,
Vous alliez vous offrir aux sombres destinées
Qui menaçaient vos derniers combattants.

Vois-tu ce vieux château funeste au nom de Guise ?
Vois cette reine armant le bras de l'assassin !
Vois briller le poignard que sa malice aiguise !
Vois le poison que distille sa main !

Orléans ! sous tes murs triomphe la Pucelle !
Sous ses terribles coups j'entends rugir l'Anglais.
La vierge par son souffle allume l'étincelle
   Qui va sauver de mort le nom français.

Devant mes yeux l'histoire évoque ces batailles
Que dans l'ombre cachait la noire nuit des temps.
Tours ! je te vois trembler au sein de tes murailles !
   Sous tes remparts je vois les Musulmans !

L'Arabe a dédaigné les sables de Médine ;
Il franchit ses déserts et dompte l'Africain !
Le glaive qu'il reçoit de la fureur divine,
   Dans l'Ibérie a soumis le Germain.

Ses escadrons bientôt ont inondé la France ;
Dans les flots de la Loire il baigne ses coursiers !
Ses vestiges partout ont laissé la souffrance,
   Et la terreur précède ses guerriers.......

Seigneur ! toi dont le bras et punit et console,
La France dès son aube a-t-elle atteint le soir ?
La croix va donc périr, et contre ta parole,
   Le sombre enfer pourra donc prévaloir ?

Martel ! saisis ta foudre et venge la patrie !
Écrase de ton fer leurs innombrables rangs !
Que la fuite balaye une horde ennemie !
   Et du désert entraîne les enfants !

Ainsi le forgeron fait retentir l'enclume
Sous les coups répétés de son pesant marteau,
Ainsi les vents dans l'air au loin portent la plume
Que de son aile a fait tomber l'oiseau.

Eh quoi! près de ces murs où périt Abdéramme
Je vois paraître encor l'Arabe et son turban!
Vient-il, la torche en main, effrayer par la flamme
De nos hameaux le paisible habitant?

Non! non! ils sont captifs, et la sombre tristesse
Fait lire sur leur front qu'ils ont été vaincus.
Mais la fortune en vain attend d'eux la faiblesse,
Ces cœurs altiers ne sont pas abattus.

Soldat, qu'aux murs d'Amboise a placé la consigne !
Un soleil dévorant a rembruni tes traits,
Et l'Afrique révèle à cet éloquent signe
   Que ta valeur prit part à nos hauts faits.

Tu connais ces captifs : dans leur foule nombreuse
Mon œil impatient cherche le noble Émir.
Il sut nous imposer une lutte douteuse,
   Et notre histoire attend son souvenir.

« Voyez-vous ce visage où la mélancolie
» A jeté le rideau d'un voile ténébreux ;
» Mais il n'a point éteint le feu de vie ;
» Voyez l'éclair qui jaillit de ses yeux.
» Voyez couler la larme solitaire
» Que sa douleur ne sait plus retenir ;
» Sa lèvre laisse expirer la prière ;
» A sa poitrine elle arrache un soupir.
» Son long regard suit la course trop lente
» Qui fait au loin baisser l'astre du jour ;
» De ces rayons la lumière brûlante,
» A vu les champs, objets de son amour.
» Peut-être il songe à l'agile gazelle
» Qu'il poursuivait souvent dans les forêts.
» Ah ! pourrait-il entendre l'hirondelle
» Sans exhaler les plus amers regrets,
» Sans saluer l'oiseau que le passage
» Va bientôt rendre aux climats africains ;
» Sans envier son vol vers ce rivage
» Dont à jamais l'ont banni les destins !

» Et son coursier, le compagnon fidèle,

» Dont les naseaux respiraient les combats !

» Verra-t-il au printemps croître l'herbe nouvelle ?

» Entendra-t-il le sol résonner sous ses pas ?......

» Ah ! s'il était flétri par une main servile !

» Si l'esclavage avait souillé son noble sang !

» Meurs ! ô mon doux ami ! De mon bras inutile

» Je ne puis plus défendre mon enfant !

» O toi, fontaine ! adieu ! De mes lèvres arides

» Je n'irai plus troubler le miroir de tes eaux !

» L'infidèle jamais ne les rendra captives !

» Il ne pourrait t'asservir au repos !

» Palmier ! qui m'as souvent prêté ton frais ombrage !
» Mon oreille jamais n'entendra murmurer
» Le doux souffle des vents qui berce ton feuillage,
    » Et près de toi se plaît à soupirer.

» D'un œil furtif je crains d'envisager ma mère ;
» Son exil a hâté le triste fruit des ans.
» L'aspect de ses cheveux, blanchis par ma misère,
    » Redouble mes tourments.

» Je vois avec terreur la main de la vieillesse
» Affaisser lentement le sein qui m'a porté.
» La mort, dans quelques jours, frappera ma tendresse
    » D'un coup si redouté.

» Adieu ! sacrés tombeaux où sommeillent mes pères !
» Vous ne recevrez point mes cendres dans vos flancs !
» Faut-il, hélas ! faut-il en des mains étrangères
   » Laisser mes ossements !...... .

» Sans doute il rêve à ces rives lointaines
» Où son enfance a connu le bonheur,
» Et moi, témoin de ses muettes peines,
» Plus d'une fois j'ai pleuré son malheur;
» Plus d'une fois, sous le feu de ces armes,
» Il entendit le plomb mortel siffler,
» Et maintenant encor, voyez mes larmes !
» Sur mon fusil voyez-les ruisseler ! »

Soldat! à tes accents, à ton noble langage,
De nos braves guerriers j'ai reconnu le cœur.
Napoléon aussi saluait le courage,
   Et des vaincus saluait la douleur.

Le pays des héros pourrait-il être injuste
Pour ce chef qui leva contre nous l'étendard,
Et, donnant à son front une auréole auguste,
   Sut de la foi se faire un boulevard?

N'avait-il pas reçu dans son âme sauvage
Le feu que le génie au ciel sait emprunter?
N'avons-nous pas cru voir le héros de Carthage,
   Ou Jugurtha, du moins, ressusciter?

N'a-t-il pas su sept ans maintenir sa faiblesse
Contre tous les efforts de l'art, de la valeur ?
N'a-t-il pas, aux abois d'une longue détresse,
 Du fier Maroc fait trembler l'empereur ?

Au jour de ta défaite, à l'heureuse Arabie
Ton espoir envoyait un regard suppliant.
Tu voulais déposer les restes de ta vie
 Près du berceau d'où sortit le croissant.

Les récits du conteur, maintes fois sous la tente,
Du Prophète avaient peint les mémorables jours,
Et tracé le tableau de la fougue brillante
 Qui de ta race avait marqué le cours.

Califes ! Il contait la fabuleuse histoire
Qui dérobe à l'oubli vos immenses bienfaits.
De l'Inde à l'Océan on a vu votre gloire
   De son éclat couvrir le monde en paix.

L'alambic devant vous dévoile ses mystères.
Par votre ordre arrachés au plus obscur tombeau,
Les sages de la Grèce apportent leurs lumières,
   Que va répandre un langage nouveau.

Le calcul sait trouver une marche rapide ;
La grâce à l'architecte offre ses ornements,
Et l'art donne aux mortels plus d'un illustre guide
   Pour prolonger la course de leurs ans.

L'Arabe a mérité notre reconnaissance !
Quand nos vieux temps portaient les chaines du sommeil,
L'Arabe dans son sein réchauffait la science.
Que ses enfants nous doivent leur réveil !

Émir ! ton dieu t'appelle à voir notre patrie !
Il montre à tes regards, déjà moins attristés,
Et nos champs où l'État puise le suc de vie,
Et la splendeur de nos vastes cités.

Tu vas comprendre enfin pourquoi notre courage
Sans relâche a suivi la trace de tes pas,
Pourquoi notre constance a renversé l'ouvrage
Que tu voulais fonder par les combats.

Tant que le fanatisme arborait ta bannière,
Ton peuple, restant sourd au charme de nos arts,
Refusait le travail à sa fertile terre
　　Pour s'exercer à de cruels hasards.

Encor quelques instants, et notre jeune empire
Trouvera tes tribus dociles à sa voix.
L'Arabe cessera bientôt de nous maudire
　　En rencontrant le bonheur sous nos lois.

Tu nous verras alors hâter ta délivrance
Et te rendre à ces bords que tu dois éclairer.
Tes enfants, par ta bouche, apprendront que la France
　　Donna son sang pour les régénérer.

Tu rediras alors les nombreuses merveilles

Qu'étalait à tes yeux le pays des chrétiens ;

La tente maintes fois prolongera ses veilles,

En s'animant de tes doux entretiens.

Tu reverras l'Atlas et l'orgueil de sa chaîne ;

Tu dormiras encor à l'ombre du palmier ;

Tu reverras les eaux de ta froide fontaine ;

Mais qui pourra te rendre ton coursier ?...

Octobre 1848.

A NAPOLÉON.

A NAPOLÉON.

Vieux guerrier mutilé par le feu des combats !
 Toi dont les traits chargés de cicatrices,
 Par leurs sillons racontent les services
Qu'autrefois la patrie a reçus de ton bras !

J'entends à ta poitrine échapper un soupir,
 Je vois des pleurs couler sur ce visage,
 Où l'ennemi, par son cruel ravage,
De nos jours immortels traça le souvenir.

Un sort trop rigoureux à tes pas chancelants
A-t-il ôté l'appui de ta vieillesse ?
Ces pleurs sont-ils voués par ta tristesse
Au précoce tombeau de l'un de tes enfants ?

« A quelques pas d'ici repose le cercueil
» Que mon regard par ses larmes révère.
» Il a reçu les cendres de mon père,
» Et c'est de son aspect que se repaît mon deuil. »

Ton père a-t-il donc vu ses vénérables jours
Porter leurs feux plus loin que la barrière,
Où des humains s'arrête la carrière ?
D'un long siècle sa vie a-t-elle usé le cours ?

« Mon père est ce héros que l'immortalité
   » Caressera des rayons de sa gloire !
   » C'est le héros que vantera l'histoire
» Jusqu'au dernier soleil de la postérité !

» Le héros dont l'étoile éclairait les soldats
   » Pendant la nuit des plus noires batailles,
   » Lorsqu'au milieu de mille funérailles
» Sous son regard brûlant nous briguions le trépas !

» J'ai suivi ses drapeaux jusqu'aux murs d'Ascalon ;
   » Je l'ai vu vaincre au pied des Pyramides ;
   » J'ai vu l'Arabe et ses coursiers rapides
» Rouler en expirant sous le feu du canon.

» L'aigle, par notre absence au triomphe appelé,
   » A Marengo retrouva la défaite.
   » Un jour suffit pour ravir sa conquête !
» Jusqu'à l'Adige, un jour le jeta refoulé !

» Le soleil d'Austerlitz m'a montré sa splendeur.
   » J'entends encor les cris du soldat scythe,
   » Que dans un lac la foudre précipite,
» Tombeau qu'avait pour lui marqué notre Empereur !

» Ombre de Frédéric ! tu le vis accabler
   » Les bataillons qu'avait armés ta gloire,
   » Et notre souffle effaça la mémoire
» De l'affront dont Rosbach avait su nous souiller.

» Wagram ! te souvient-il des combats de géants,
   » Où sous leur choc trois jours mugit la terre !
   » Quand tous tremblaient au fracas du tonnerre,
» Il souriait au bruit des échos menaçants.

» J'ai vu des rois en foule autour de lui rangés,
   » Et leur orgueil, courbé dans la poussière,
   » De ses regards redoutant la lumière,
» Acceptait des destins par un signe changés.

» Sur le Kremlin mon bras planta notre drapeau,
   » Quand l'Empereur entra dans ces murailles
   » Qui se croyaient à l'abri des batailles,
» Lorsque son pied des Czars renversa le berceau.

» Bientôt parut l'hiver, et ses cruels frimas,
 » De l'ennemi secourant les alarmes,
 » Nous arrachaient nos redoutables armes,
» Et d'un vaste linceul enveloppaient nos pas.

» Tandis qu'autour de nous grondaient les noirs autans,
 » Des pleurs coulaient des yeux de notre père !
 » Témoin muet d'une affreuse misère,
 » Il voyait sans combat succomber ses enfants !

» Puis nous avons lutté contre le sort jaloux,
 » Et le héros, trahi par la victoire,
 » A de son glaive inscrit dans notre histoire
» Les combats du lion réduit aux derniers coups.

» Pendant que nous gisions sanglants mais non domptés,
   » On l'entraînait vers cette île lointaine,
   » Où l'on chargea d'une odieuse chaîne
» Ces bras par l'univers si longtemps redoutés.

» Un satellite obscur, choisi par des tyrans
   » D'amers affronts abreuvait sa grande âme,
   » Et son génie a vu mourir sa flamme
» Que dans l'ombre éteignaient les plus affreux tourments.

» Mais le remords nous rend tes restes délaissés !
   » Mon sang pour toi ne peut plus se répandre :
   » Mes pleurs du moins vont arroser ta cendre
» Héros ! reconnais-tu mes vieux membres brisés ? »

Ami ! ne pleure point. Tandis que ta douleur
    Ne cherche ici qu'une dépouille vaine,
    Il a vaincu les complots de la haine
Et trouvé dans le ciel un règne de splendeur.

Il vit dans le séjour des illustres mortels
    Que du Seigneur élut la main puissante
    Pour révéler à la foule ignorante
Les rayons émanant de ses feux éternels.

Ces combats où pour nous ton sang fut prodigué,
    Où ton ardeur à la seule patrie
    Croyait offrir le tribut de ta vie,
Ces combats éclairaient le monde subjugué.

En promenant au loin nos étendards vainqueurs,
 En répandant de fécondes semences,
 Ils ont montré le flambeau des sciences
Aux peuples sommeillant dans la nuit des erreurs.

Ils ont montré l'aurore à tous ces malheureux,
 Que sur la glèbe enchaînait l'esclavage ;
 Du fanatisme ils ont éteint la rage ;
D'un affreux tribunal ils ont éteint les feux.

Nous avons vu les monts devant nous s'incliner ;
 Et dans leur sein creusant de longues voûtes,
 Vos mains, soldats, ont sillonné de routes
Les champs où peu de jours nous pûmes dominer.

Ces chemins ont uni les peuples séparés,
Ont au sommeil arraché l'industrie,
Et le commerce a fait naître la vie
-Partout où ses bienfaits demeuraient ignorés.

O toi ! qui succombas avant que tes travaux
Eussent porté les fruits de ta sagesse,
Ton cœur souvent frémit de la détresse
Que la guerre enfantait sous les pas du héros.

Ton génie, entouré d'un cercle trop étroit,
En s'élançant au-dessus de la sphère
Où des mortels s'agite la misère,
De la faiblesse a pu méconnaître le droit

Quand le sombre ouragan déclare sa fureur,
    Quand les moissons déplorent son ravage,
    Ses fiers éclats ne troublent point le sage :
Paisible, il reconnaît les traits d'un Dieu sauveur.

Il se rappelle alors que des grands conquérants
    La Providence évoque le service,
    Pour mettre en poudre un antique édifice
Dont n'a pu triompher le long effort du temps.

Napoléon ! Ta main a semé de débris
    La vaste arène où brillait ton courage,
    Et, confondu par ton immense ouvrage,
Ton siècle ne sut pas en juger tout le prix.

Les yeux qu'éblouissait ton éclat foudroyant,
　　N'ont pu d'abord envisager ta gloire.
　　Il a fallu que l'équitable histoire
De l'envie effaçât l'inique jugement.

Son burin, au-dessus des plus fameux guerriers,
　　Inscrit ton nom vainqueur de l'anarchie
　　Qui, dévorant la sanglante patrie,
De l'ordre menaçait les vestiges derniers.

Ton bras, en relevant les autels abattus,
　　De ses erreurs a fait rougir l'impie,
　　Et mis un terme à ces jours de folie.
Où le temple oubliait le prêtre et ses vertus.

Nous vivons sous l'abri de tes sublimes lois,
  Où tu versas les flots de ta lumière,
  Pour préparer le règne d'une autre ère,
Quand le monde attentif écoutera ta voix.

Héros! nous t'implorons! De l'éternel séjour
  Laisse tomber ton regard sur la France!
  De ses douleurs abrége la souffrance
Et de jours plus heureux fais luire le retour!

Repousse loin de nous la guerre et sa fureur!
  Ne souffre pas qu'on touche à ton épée,
  Qui de la main du géant échappée,
De ses éclairs encor fait jaillir la terreur!

Enflamme nos esprits d'un saint amour de paix !
Que les fauteurs de la guerre civile
Cherchent ailleurs un ténébreux asile !
Que, stable, la concorde unisse les Français !

Août 1848.

www.ingramcontent.com/pod-product-compliance
Lightning Source LLC
LaVergne TN
LVHW020953090426
835512LV00009B/1871